BRAZIS

Em qual deles estamos?

REGOVERNAR

Prólogo: Do autor ao leitor,

Sobre a VOTOCRACIA,

Caro(a) leitor(a)

Nos regimes democráticos de governo existem várias vertentes, no Brasil conseguimos inovar..., temos aqui a VOTOCRACIA.

Para um parque eleitoral com 120 milhões de votantes em uma população de 210 milhões, o que você pensa..., é uma boa média..., ou não?

Há de se considerar que em 60 anos tivemos várias CRACIAS, que podemos nominar como, populocracia, exercitocracia, civilcracia, cleptocracia, (ainda vigente), polarisacracia, monarcascracias, (ainda vigente) entre outras.

Todas sob a égide do capitalismo democrático.

Considere que..., o futuro é sempre delineado pelo passado. Neste livro o parâmetro usado sobre um sistema governamental, será direcionado a um sistema de governo baseado em uma DEMOCRACIA DINÂMICA.

As sugestões, análises, comentários, críticas, elogios, e as alterações de sistemas governamentais aqui propostos não tem caráter de serem as únicas alternativas, mas..., são óbvias e necessárias, para o início de um começo e continuidade suscetíveis de ajustes.

Há cernes, que os regimes democráticos não suportam a existência.

1.- Desvio de dinheiro público, em qualquer âmbito.

2.- Fraudes eleitorais.

3.- Casas parlamentares com trâmites e normas protecionistas potenciais aos seus integrantes.

4.- Sistema eleitoral com vícios de captação financeira oriunda do Estado.

5.- *População acima de 400 milhões de habitantes.*

ÍNDICE

A DEMOCRACIA DINÂMICA

Capítulo 1

A aplicação deste sistema de governo exige um novo pacto federativo baseado em alterações nas leis da República.

Os Estados da federação devem ser independentes na esfera, do âmbito fiscal, do tributário, do código penal, do código de processo penal e outras, tendo a responsabilidade total de investimentos em suas estruturas básicas.

Há de se considerar que os termos de leis federativas aplicadas em um estado com 1.500m de habitantes devem ser diferenciadas para um estado com 10.000m de habitantes, cada estado tem a sua peculiaridade, o poder judiciário tem absoluta condição de regular qualquer tramite de lei que ofenda a carta magna.

Haverá necessidade de ampla coligação entre os poderes com análise ampla e alterações da carta magna.

Nossa Democracia ainda tem altos níveis de graves oscilações que podem ser reduzidas se aplicado o modelo dinâmico de governabilidade.

Nosso sistema democrático tem implantado o voto direto padronizado em todos os Estados da Federação, este importante fator qualifica o País como uma Democracia atuante, com a eleição do Presidente decidida em eleição no voto direto.

Há no entanto discrepâncias no sistema com interferência no ato do voto.

São discrepâncias que podem ser sanadas com a aplicação do sistema democrático dinâmico.

Os vícios do sistema eleitoral são de complexidade máxima, entre tantos, há os nomes usados no sistema eleitoral, tendo como exemplos:

A miscelânia dos nomes dos partidos, a democracia é um sistema que pode alternar em várias vertentes, tendo como cerne a escolha dos parlamentares pelo voto.

Como resolver a mostra dos candidatos com siglas?

Por que haver: Partido Democrático e outros. Quais? De onde provém o nome Partido Republicano..., vem de REPÚBLICA, e pode não ser democrática!

Estes e outros pontos, podem ser redirecionados com a Democracia Dinâmica.

Países que se autodenominam democratas tem em seus sistemas eleitorais o princípio do voto dentro das vertentes que a democracia permite, como o regime Parlamentarista e outros.

Em síntese, a definição do sistema está no voto, direto ou indireto inserido nos poderes Executivo, Legislativo e Judiciário.

Países com sistemas fora deste contesto devem ser titulados como ditaduras governamentais, sem nenhuma relação com os nomes de outros regimes, nomeados como, comunismo, socialismo, teocracias etc., e ainda nos tempos de hoje rotulados com títulos inócuos como esquerda, direita, centro etc.

O sistema democrático de governo em Países com população acima de 400 milhões de habitantes se torna inexequível devido os tramites de lei terem prazos longos de votação para a aplicação.

Os sistemas democráticos devem ter o dinamismo necessário em todos os poderes.

O desenvolvimento do sistema de uma Democracia Dinâmica pode ser o caminho para um progresso sustentável, e pode ser direcionado para um governo de 2 partidos, se o PAÍS é democrático não é necessário haver candidatos inseridos em várias siglas.

A Democracia tem como cerne, projetos de leis definidos pelo voto e não pôr as chamadas ideologias ultrapassadas nominadas aos partidos, o partido tal é de esquerda, o partido tal é de direita, o outro é de centro! São bobagens arcaicas!

As pessoas elegem pessoas, cada postulante apresenta seus projetos, e será eleito por suas ideias e ideais.

Devem pertencer ao Partido Democrático ou Republicano e no parlamento ter os que apoiam determinado projeto e os que refutam.

O que chamamos de oposição não pode ser considerada em uma Democracia Dinâmica, cada parlamentar tem o direito de concordar ou não, com a matéria a ser votada.

A Democracia Dinâmica não suporta o voto comprado ou dados

em troca de benefícios de qualquer espécie.

O parlamento não deve ter opositores entre si, e sim, os que concordam e os que não, dentro do debate e diálogo baseado em prós e contras do efeito da lei, nunca para angariar ganho eleitoral.

Parlamentar eleito tem o compromisso de cumprir o que apresentou em sua campanha, se eleito, tem que fazer o possível para cumpri-lo.

Deve reiterar ao se eleger..., será o seu nome que estará à frente de sua jornada política, e não o partido, afinal todos são democratas.

Céticos dirão, DEMOCRACIA somente com 2 partidos?

Sim, todos direcionados ao melhor da lei, ao respeito máximo a constituição e poderes constituídos, sem barganhas, sem corrupção, um parlamentar em todos os níveis é um servidor com prazo de expiração, e deve fazer um trabalho digno, em respeito aos que a ele deram..., pelo voto, a oportunidade.

A Democracia com suas nuances permite a modernização e o bom senso, podendo oferecer a médio e longo prazo uma vida digna as pessoas portadoras da nacionalidade Brasileira.

O Sistema Político Eleitoral
Capítulo 2

O nosso sistema político eleitoral propõe a eleição de legisladores de 29 partidos, com subsídios financeiros no bojo do fundo partidário e obriga a mídia privada a veicular os chamados horários políticos gratuitos.

Estas distorções descaracterizam os pilares da democracia.

O nosso sistema político eleitoral deve ser reformulado em sua base, pois contempla:

-O voto obrigatório

-**29** siglas partidárias registradas em atuação.

-Não ser cada eleitor um voto..., voto de legenda!

-**81** Senadores para 27 Estados.

-**513** Deputados Federais.

-**1.059** Deputados Estaduais.

-**5.568** Prefeitos.

- **57.839** Vereadores.

E mais..., suplentes e assessores, em um País que 90% dos Estados são deficitários e tem 80% dos seus municípios sem arrecadação suficiente nem para pagamento da conta de luz do prédio da prefeitura!

A reformulação no das casas legislativas com aplicação de:

01.-Impedimento de parlamentar eleito candidatar-se a outro cargo eletivo ou ser nomeado pelo poder executivo sem ter cumprido o mandato atual. (somente com a renúncia)

02.-Suplência somente ao parlamentar que obteve a colocação seguinte ao eleito em votos.

03.-Exclusão de subsídios a parlamentares para contratação ou nomeação de assessores de qualquer origem.

04.-Fixação de rendimento salarial em valor único sem adicionais de pagamentos.

05.-Carga horária de frequência não inferior a 6 horas diárias de 2ō a 6ō feiras.

06.-Fixação de somente de 2 partidos

07.-Extinção do voto obrigatório.

08.-Extinção do voto de legenda.

09.- Extinção de 21 cadeiras senatoriais

10.-Extinção de 216 cadeiras da câmara federal.

11.-Fixação máxima de 21 cadeiras em câmaras legislativas estaduais.

12.-Extinção dos cargos eletivos para prefeitos e vereadores, com substituição por administradores de carreira advindos do funcionalismo público ou área privada, por nomeação direta do Governo do Estado para municípios com população inferior a 200 mil.

13.-Extinção do fundo financeiro partidário subsidiado.

14.-Extinção do segundo turno no pleito eleitoral.

15.- Extinção da propaganda eleitoral obrigatória.

Ao direcionar as inserções publicitárias dos candidatos somente nas redes de comunicação da UNIÃO, sendo que a divulgação da propaganda eleitoral nas empresas de comunicação seja efetuada somente pela UNIÃO com conteúdo específico de orientação a população de onde está sendo veiculada a propaganda eleitoral dos candidatos, incluindo os debates.

Este direcionamento reduziria o custo da UNIÃO e dos candidatos, com fortalecimento do sistema político eleitoral, pois o eleitor assistirá quando quiser os canais governamentais com a propaganda eleitoral e avaliar seu candidato.

Pergunte-se, por que um País com 27 Estados, sendo a maioria deficitários, necessita de um corpo legislativo deste porte?

Não há necessidade um legislador ter ao seu dispor a média de 25 assessores pagos pelo Estado, empossados por nomeações etc., pagos com dinheiro público!

Quantas empresas neste País tem entre 20 e 30 funcionários?

Estes e outros benefícios devem ser extintos, provendo a total reformulação do sistema legislativo.

Por que se promulga eleições para 5.568 prefeitos e 57.839 vereadores para municípios sem nenhuma infraestrutura?

Se faz urgente a extinção dos cargos eletivos de "prefeitos" e "vereadores" substituindo-se estes "prefeitos" por administradores indicados pelo município e/ou nomeados

pelo Governo do Estado, reduzindo os embates partidários
e aos altos níveis de corrupção.

É necessário viabilizar um projeto universitário para
inclusão de pessoas interessadas na carreira política, a
formação universitária seria um fator relevante para que o
parlamentar eleito tivesse o conhecimento básico dos
tramites legislativos em todos os níveis, Federal, Estadual e
Municipal.

Temos em nosso sistema que a responsabilidade sobre a
aprovação do orçamento da União cabe ao Senado Federal,
no entanto há discrepâncias graves ao analisar o porquê de
as verbas federais serem distribuídas a Câmara Legislativa
rotuladas como emendas parlamentares, subsídios aos
partidos, etc, com soma de valores em bilhões de Reais.

Considere que a função da Câmara como o próprio nome
especifica é: Câmara Legislativa ou seja: analisar, propor e
definir LEIS!

Em um regime de República Presidencialista Democrática
não parece de bom senso atribuir a esses Parlamentares
poderes de distribuição de verbas a Estados ou Municípios,
ou a outro qualquer.

Outro ponto a ser analisado são os proventos e benefícios
oferecido aos Parlamentares, que agora mais parece um
sistema de Governo que pode ser chamado
MONARCACRACIA,

em referência a Monarquia, como uma Corte de nobres,
tantos são os seus privilégios.

Se efetivado todos os princípios do regime Democrático, sem dúvida..., é o sistema mais justo entre os vários aplicados.

Estas são as palavras de um conceituado acadêmico francês..., No Brasil, os que nada sabem e pouco produzem, põe no poder os que pouco sabem e nada produzem, para que estes administrem as riquezas, os bens e os serviços confiscados daqueles que algo sabem e algo produzem"

Não..., não podemos aceitar estes parâmetros, ainda somos considerados a 9ª economia do planeta.

É necessária a modernização do nosso sistema Presidencial Democrático de Governo.

A Constituição Brasileira de 1988 estabelece mecanismos de democracia direta, como plebiscitos, referendos e iniciativas populares, permitindo que os cidadãos tenham uma voz direta em questões específicas e reconhece a importância da liberdade de expressão, da imprensa livre e do acesso à informação, que são pilares essenciais para um governo democrático.

O Sistema Tributário/Fiscal.

Capítulo 3

Tabela de impostos de 2024 incidentes sobre produtos e serviços

	Brasil	Argentina	Canadá	Países da OCDE*
ICMS, ISS, IPI, PIS e Cofins (Tributação sobre consumo)	43,0	52,0	23,5	33,0
Tributação sobre folha de pagamento	27,5	20,0	16,0	27,0
Imposto de Renda	22,5	18,0	48,0	33,5
IPVA, IPTU e ITR (Trib. sobre patrimônio)	4,5	9,0	11,5	5,5
Outros	2,5	1,0	1,0	1,0

A alta carga tributária do Brasil encarece os produtos nacionais, desestimula os investimentos e abre as portas do país para a ilegalidade.

Os impostos sobre mercadorias brasileiras chegam a ser até 5 vezes o valor do tributo cobrado nos mesmos itens em outros países, principalmente os que fazem fronteira com o território nacional.

O desequilíbrio aquece o mercado informal e acarreta prejuízos para a indústria brasileira, que perde o poder de competitividade dos produtos.

A carga tributária no Brasil representa 33,1% do PIB (Produto Interno Bruto),

Em que pese a necessidade dos impostos para a arrecadação do país, a falta de equilíbrio das alíquotas, a partir das altas taxas aplicadas sobre os produtos industrializados no Brasil, cria espaço para uma maior margem de lucro do mercado ilegal e impulsionando o contrabando.

Na legislação tributária brasileira no ano de 2012 havia: 55.767 artigos

33.374 parágrafos

23.497 incisos 9.956 alíneas

Só no ano de 2012, foram editadas mais de 200 normas que modificaram a legislação tributária na esfera federal.

São 18.589 páginas de textos, decretos, códigos e portarias, que regem 62 tributos e 93 obrigações acessórias.

Tributaristas e governos de países industrializados propõem a redução dos tributos, e os legisladores brasileiros propuseram exatamente ao contrário.

Nesta linha de conduta formou-se um ciclo de taxações tributárias em que o governo tributa, e os poderes da República outorgaram a si mesmos benefícios extras salariais que podem ser classificados como apropriação legalizada dos recursos públicos.

A taxação do IRPF aplicados em alíquotas acedentes baseadas na lógica de que quem ganha mais deve pagar mais, está incorreta, e tem fins usurpadores quando aplicada em economias frágeis.

Alíquotas únicas com percentuais honestos criam a cultura do dever do pagamento tributário, levando a sonegação a índices reduzidos.

O governo deve direcionar estas reformas providas de alterações dos trâmites para constituições empresariais, estabelecendo critérios lógicos que desonerem as empresas, eliminando os intermediários, simplificando os títulos nominais para a aplicação em todas as pessoas jurídicas ou de atividade autônoma.

A reforma efetuada do código comercial Brasileiro, mostrou que a aprimoração surte efeitos relevantes.

Sobre a reforma tributária há de se aguardar a apreciação no Congresso Nacional..., o poder executivo entregou em (24 de abril de 2024) o principal texto para regulamentar a reforma tributária, e todos esperam a simplificação e ajustes no sistema.

O Governo se pautando por alíquotas justas na tributação em geral, retorna à população os benefícios sociais pelo tributo pago, implantará a consciência da obrigação do pagamento em seus cidadãos.

O cerne de uma proposta tributária deve ser baseado em alíquotas justas e independentes em todos os Estados e Municípios da Federação, principalmente os oriundos da esfera Federal.

Itens básicos para a reforma Tributária.

Extinção de todos os impostos sobre tomadores de empréstimos, crédito direto ao consumidor de qualquer origem.

Extinção da aplicação de taxas e impostos de efeito compulsório.

Extinção de subsídios, isenções fiscais e devoluções tributárias de qualquer origem no IRPF e IRPJ.

Extinção do IRPF tributado na fonte em pagamento de assalariados, devendo sua aplicação de arrecadação ser adotada somente no fim do ano fiscal.

Aplicação de imposto único sobre venda de produtos, bens móveis e serviços, cabendo a cada Estado e Município o percentual da alíquota.

Aplicação de alíquota especial reduzida para serviços de transportes em geral.

Extinção de impostos e taxas com efeito cascata.

Extinção de emissão de notas fiscais, inserindo-se discriminação dos produtos, bens ou serviços, acoplados ao recibo de pagamento, adaptados ao sistema online ou manual.

O imposto sobre a renda deve ser aplicado de forma direta incidindo sobre a renda, o salário, e o lucro líquido anual, sem bitributação, sem subsídios, sem devoluções, sem descontos, com simplificação máxima, considerando a extinção da incidência mensal do IR no salário.

A população paga em média 40% a mais nos preços, devido aos impostos e taxas incidentes nos produtos vendidos no País.

A quantidade de impostos e taxas aplicadas sobre a produção impingidas pela União, Estados e Municípios não tem similar em nenhum sistema fiscal em países com pequena, média ou de forte economia.

São impostos que tributam todas as fazes da produção com efeito em cascata.

Modelo sugerido para Escola do Ensino Básico e Médio.
Construção em formato de U com área de 8.600m2

Escritos oriundos da prova do ENEM no ano de 2008 feito por estudantes do 2º grau.

O problema da amazônia tem uma percussão mundial. Várias Ongs já se estalaram na floresta.

A amazônia é explorada de forma piedosa.
Vamos nos unir juntos de mãos dadas para
salvar o planeta.
A floresta tá ali paradinha no lugar dela e vem o homem e creu."
Tem que destruir os destruidores porque o destruimento salva a floresta.
O grande excesso de desmatamento exagerado é a causa da devastação.

Espero que o desmatamento seja instinto."

A floresta está cheia de animais já extintos. Tem que parar de desmatar para que os animais que estão extintos possam se reproduzirem e aumentarem seu número respirando um ar mais limpo.

A emoção de poluentes atmosféricos aquece a floresta

Tem empresas que contribui para a realização de árvores renováveis.

Animais ficam sem comida e sem dormida por causa das queimadas.

Precisamos de oxigênio para nossa vida eterna.

Os desmatadores cortam árvores naturais da natureza.

A principal vítima do desmatamento é a vida ecológica.

A amazônia tem valor ambiental ilastimável.

Explorar sem atingir árvores sedentárias."

Os estrangeiros já demonstraram diversas fezes enteresse pela amazônia.

Paremos e reflitemos.

A floresta amazônica não pode ser destruída por pessoas não autorizadas.

Retirada claudestina de árvores."Temos que criar leis legais contra isso.

A camada de ozonel.

a amazônia está sendo devastada por pessoas que não tem senso de humor."

A cada hora, muitas árvores são derrubadas por mãos poluídas, sem coração."

A amazônia está sofrendo um grande, enorme e profundíssimo desmatamento devastador, intenso e imperdoável."

Vamos gritar não à devastação e sim à reflorestação."

Uma vez que se paga uma punição xis, se ganha depois vários xises."

A natureza está cobrando uma atitude mais energética dos governantes.

O povo amazônico está sendo usado como bote expiatório. O aumento da temperatura na terra está cada vez mais aumentando.

Na floresta amazônica tem muitos animais: passarinhos,
leões, ursos,

Convivemos com a merchendagem e a politicagem."

Na cama dos deputados foram votadas muitas leis."

Os dismatamentos é a fonte de inlegalidade e distruição da
froresta amazonia."

O que vamos deixar para nossos
antecedentes?" A fiscalisação tem que ser
preservativa.
Não podem explorar a Amazônia de maneira tão
devassaladora.

=============

**Esta foi uma publicação da Secretária de Educação do
Ceará.**

Imagine duas escolas públicas de ensino fundamentais
vizinhas, uma municipal e outra estadual.

Ambas atendem crianças do mesmo bairro, têm salas de
aula ociosas e, vistas de fora, parecem muito
semelhantes. Por outro lado, cada uma tem um processo
para formação de professores, alunos que chegam em
diferentes tipos de transportes, mesmo sendo vizinhos,
e a merenda também é distinta.

Nesse cenário, há completa falta de racionalização de
recursos, perda de escala e ineficiências sobrepostas, que
poderiam ser minimizadas caso houvesse articulação e
colaboração entre a gestão estadual e a municipal.

Essa desarticulação tem origem no formato do pacto federativo vigente num país que se divide em 5.570 municípios, 26 Estados e o Distrito Federal, além da própria União.

Cada um desses entes tem autonomia administrativa, fórmula e gerência suas políticas educacionais de forma isolada.

Dados as características demográficas, a heterogeneidade regional e o modelo federativo brasileiro, nossos legisladores dividiram as responsabilidades pela oferta da educação pública da seguinte forma: a educação infantil é promovida pelos municípios, o ensino médio pelos Estados e o ensino superior é majoritariamente ofertado pela União. Já na etapa do ensino fundamental, a oferta é compartilhada e as divisões de responsabilidades não são claras.

Como não há no Brasil um Sistema Nacional de Educação que organize a governança no setor, a distribuição das matrículas entre redes estaduais e municipais tornou-se muito heterogênea, com pouco ou nenhum alinhamento gerencial e pedagógico, o que provoca uma série de distorções e reforça as desigualdades de oferta educacional e os resultados.

Além das consequências negativas na aprendizagem dos alunos, o próprio Estado desperdiça recursos materiais e humanos que poderiam ser mais bem investidos nas escolas.

O bem-sucedido regime de colaboração do Estado do Ceará, com enorme repercussão nos resultados de aprendizagem de seus estudantes, só foi possível porque o processo de formulação e de gestão da política educacional é pactuado entre o Estado e seus municípios.

Tanto as ações estaduais de apoio técnico e pedagógico às secretarias municipais de Educação quanto o repasse do Imposto sobre Circulação de Mercadorias e Serviços (ICMS) aos municípios que melhoram a aprendizagem de suas crianças são viáveis somente em um contexto de cooperação entre os entes federativos.

O regime de colaboração exige convergência de objetivos, governança compartilhada e colaboração no processo decisório.

Entretanto, ainda que a cooperação entre Estado e municípios no Ceará tenha decorrido de maneira articulada, a falta de um sistema nacional de educação já fez o Estado ter dificuldades com programas criados pelo governo federal, como o Pacto Nacional pela Alfabetização na Idade Certa (Pnaic).

Inspirada justamente no caso cearense, a iniciativa foi implementada pelo Ministério da Educação sem levar em consideração as ações já promovidas nas redes de ensino de Estados e municípios, o que resultou em retrabalho e desarticulação da política educacional.

Ironicamente, Estados como o Ceará, que desenvolviam ações em colaboração com os municípios, foram prejudicados pelo programa nacional, pois, além da duplicidade de ações e da desarmonia entre os currículos, materiais e metodologias pedagógicas, o arranjo organizacional para a implementação da política era totalmente diferente.

Assim, o Estado foi forçado a modificar uma estrutura que já funcionava, aumentando os custos do programa.

Para além das dificuldades gerenciais e pedagógicas, a ausência de um sistema nacional de educação impacta diretamente a sustentabilidade fiscal dos investimentos na educação. A falta de uma instância de pactuação entre União, Estados e municípios na área faz não só todos reformularem e implementarem políticas educacionais simultaneamente e de forma descoordenada, mas também não haver acordo sobre o que é prioridade e a melhor forma de alocar recursos.

Isto é, embora seja do interesse de todo o País uma trajetória escolar para crianças e jovens sem percalços e com qualidade, cada um de nossos gestores está falando apenas com os seus.

Uma boa notícia é que o assunto está sendo pautado no Congresso Nacional e deve se tornar mais importante conforme a agenda de financiamento da educação avança.

O presidente da Câmara dos Deputados, Rodrigo Maia (DEM), mencionou a criação de um sistema de governança na educação como uma das quatro áreas que considera prioritárias para o desenvolvimento do País.

Entretanto, ainda que exista algum consenso acerca da necessidade de criar o sistema, o desafio atual consiste em conceber uma lei que estabeleça mecanismos de governança efetivos, garantindo que a autonomia dos entes federativos seja exercida de forma coordenada, evitando engessamentos ou burocracias desnecessárias, como é hoje.

Não é trivial desenhar um sistema que respeite a autonomia dos entes federados, promova a equidade nos sistemas de ensino e garanta a qualidade do investimento na educação.

Por isso, o foco há de estar em definir com clareza a repartição de responsabilidades entre os três níveis da Federação e institucionalizar espaços deliberativos para a articulação e a ação conjunta entre os entes na formulação e implementação de políticas educacionais.

Isto posto, é urgente que os parlamentares mergulhem na discussão da melhoria da governança da educação brasileira.

Além de ouvir os especialistas no assunto, é preciso estudar os casos bem-sucedidos de articulação do pacto federativo, dentro e fora da educação.

Afinal, com um sistema nacional de educação bem estruturado teremos as bases para chegar mais rápido a um cenário de mais qualidade e equidade.

Fim da publicação.

Em continuidade, por este autor:

Pense em um sistema educacional para o ensino básico que proverá ao cidadão conhecimentos necessários para o desenvolvimento social, e do País em escalas condizentes.

Este sistema educacional é, na verdade, um investimento governamental em seus cidadãos, que são o maior patrimônio de uma nação.

Um projeto tem que ter como base que todo ensino básico, deve ser provida com todos os itens necessários na estrutura física do local a ser ministrado, tendo como principal ser o sistema pedagógico padronizado para todo o País.

O núcleo do projeto está embasado em um sistema pedagógico que deverá ser aplicado sob a sustentação total das matérias de ensino para aprendizagem, englobando desde o comportamento social até as simples normas de trabalho, se excluindo, catequese e dogmas religiosos de qualquer origem.

Matérias de origem religiosas devem ser explanadas de forma global com explanações didáticas inseridas com informações claras sobre todas as religiões praticadas derivadas do judaísmo, cristianismo, muçulmana, budismo, e outras vertentes.

A opção e a prática religiosa de cada um deverá ser definida de forma livre, após o aprendizado didático sobre religiões em geral, sem a aplicação de catequização de qualquer espécie durante o período do ensino básico ou médio.

Deverá ser planejada para a inclusão escalonada no sistema pedagógico, a revisão total do Dicionário Da Língua Portuguesa com a maior exclusão possível de palavras homônimas e acentos, e substantivos que podem ser verbos, isto dificulta o aprendizado e o entendimento da língua para estrangeiros e nativos, tendo como exemplos absurdos como: MORRO – é verbo (morrer) e MORRO – significa também:

MONTANHA – há milhares de homônimas com grafia e fonética iguais, com significados duplos que beiram o surrealismo.

Um sistema pedagógico sustentável deve sempre ser delineado com a padronização de aplicação no ano letivo, em síntese:

Em todo o País, o conteúdo pedagógico padronizado a ser ministrado, deverá ser composto das matérias de praxe, com ênfase em:

Aprendizado social, normas e leis relevantes instituídas no País oriundas da carta magna.

Comportamento social delineado com o máximo de ensino comportamental e social.

Língua pátria e Língua Inglesa, devendo o aluno ter o nível avançado ao concluir o ensino básico.

Matemática, Geografia Brasileira, e História, focada nos fatos constados em documentos, com material didático voltado a

explanações realistas dos acontecimentos passados.

Cursos iniciais de profissionalização

Há de se considerar as regiões, instituindo-se cursos adequados, ex: áreas rurais com ênfase a cursos básicos de agronomia, veterinária etc.

Material didático, trajes, uniformes, calçados, acessórios e alimentação deverão ser fornecidos pela União, com cobrança anual nunca superior a U$ 25 ao aluno matriculado.

O tempo para o ciclo de ensino e aprendizado básico, seria de 14 anos (dos 4 aos18 anos), isto seria o mínimo em educação básica que o Estado pode prover.

O sistema pedagógico deve ser unificado, tendo como matérias reprovadoras: matemática, língua portuguesa e inglesa, sendo todas as demais incluídas como notas de aproveitamento, explanadas como históricos (currículo escolar) do aluno, quando obtiver a graduação do ensino médio.

O aluno reprovado nas matérias básicas poderá concluir o curso para graduação a qualquer tempo, no sistema de ensino ao adulto, a ser provido nas escolas, pois a conclusão do ensino se efetivará sempre aos 18 anos, observando-se a convocação dos alunos ao serviço militar obrigatório.

O ENEM pode prover todo este sistema, pois já possui normas, diretrizes e plataformas em TI para a aplicação.

Uma escola provida de todos os itens possíveis para a ministração do ensino básico, deverá ser a referência do bairro em todos os sentidos.

Analise como exemplo o legado das olimpíadas no Rio De Janeiro que serão ocupadas para o desenvolvimento escolar básico, todas as escolas devem acompanhar no máximo possível a mesma estrutura.

O empresariado poderá desenvolver e oferecer os serviços de ensino básico, tendo como regras principais, a ministração da mesma plataforma pedagógica e graduação emitida somente com os exames de avaliação e graduação efetuados nas escolas públicas.

As escolas públicas deverão ser catalogadas em um sistema jurídico que possa viabilizar a contratação de serviços terceirizados para a manutenção dos serviços e atendimento.

Não é possível ser mantido no País as Universidades gratuitas, seus custos são impossíveis de serem absorvidos, deve-se viabilizar o crédito estudantil com mais veemência.

Este sistema de ensino básico se aplicará ao aluno durante 14 anos, este período é o suficiente para ministrar todos os ensinamentos básicos necessários.

O cerne do projeto está baseado com a execução de:

01.- Cadastramento de residentes em todos os Estados da Federação situados em morros, favelas, palafitas, bairros deteriorados etc.

02.- Mapeamento das propriedades em toda Federação classificadas em lotes e terrenos sem uso pertencentes à União, Estados, Municípios e a Cúria localizadas nas áreas metropolitanas.

03.- Mapeamento dos prédios em todo o País usados para ministração do ensino básico pertencentes ao Estado e ao Município das áreas metropolitanas.

04.- Definição de área para construção ou remodelação de bairros planejados com área escolar mínima de 10 a 20.000m2.

05.- Definição do projeto de construção e urbanização da área dos bairros planejados.

06.- Definição dos custos e projeção de conclusão dos bairros planejados por região.

07.- Reformulação do sistema de planos e carreira dos docentes do sistema básico de ensino e a transferência imediata dos concursados, dos ativos, e dos contratados para a União.

08.- Reformulação do programa pedagógico, tendo como inserção principal o reforço das matérias específicas de: português, matemática, geografia do Brasil e língua Inglesa, com inclusão de matérias específicas para área rural, religiões em geral, além das de praxe que sustentam a educação básica.

09.-Padronização do material pedagógico em todo País.

10.-Frequência escolar diária mínima de 8 horas.

11.-Frequência etária obrigatória dos 4 aos 18 anos.

12.-Aplicação de sistema pré-escolar.

13.-Materiais didáticos, alimentação e uniformes cedidos pela União.

14.-Taxa de matrícula estabelecida no máximo em U$ 25,00 ao ano.

15.- Desenvolvimento e aplicação de sistema pedagógico para alfabetização de adultos e cursos profissionalizantes.

16.-Inclusão direta nas universidades privadas ou governamentais baseadas no currículo escolar do aluno.

17.-Extinção da ministração do ensino básico efetuado por associações de qualquer origem, sendo a União a única administradora do ensino pedagógico.

18.-Sistema para frequência escolar aos incapacitados.

19.-Penalidades criminais específicas a quem impeça a frequência escolar de crianças ou adolescentes.

20.-As entidades privadas que promova a captação financeira de materiais ou serviços para ajuda a crianças e adolescentes, deverão transferir os fundos arrecadados para a União.

21.-Promulgação de lei reguladora para shows televisivos de captação financeira de ajuda a crianças e adolescentes, devendo ter como parágrafo principal a transferência dos recursos arrecadados a União.

22.-Fundações que ministrem cursos via TV (canais abertos ou fechados) devem direcionar o sistema pedagógico somente ao ensino profissionalizante.

23.-Promulgação de lei reguladora específica para entidades privadas que ministrem o ensino técnico profissionalizante.

24.-Isenção de taxas e impostos para doações de qualquer natureza ao sistema do ensino básico da União.

25- Escolas públicas devem ser construídas ou remodeladas baseadas em projeto de construção padronizado, providas de todas as áreas inerentes a sustentação do programa pedagógico do ensino básico.

26.-Criação de polícia escolar, com corpo policial específico.

27.-Promulgação de leis específicas em âmbito federal para delitos cometidos contra o patrimônio, corpo funcional e alunos em áreas de escolas públicas de ensino básico

Leis trabalhistas
Capítulo 5

Pense sobre um sistema de Leis Trabalhistas promulgadas há mais de 50 anos, que viabilizaram os direitos dos empregados, mas que dentro da ótica atual, engessam e inviabilizam a produção no País.

Esta inviabilização está em curso há décadas, hoje funcionários devem ser catalogados como colaboradores, isto em qualquer nível de atividade.

A força laboral, seja intelectual ou braçal, não sobrevive sem o capital e vice-versa.

Os funcionários de hoje, podem ser os empresários de amanhã. Fato este impensável a grande maioria da população a 40 anos passados.

Um País, para ter uma forte economia deve sempre fomentar o empreendedorismo, a geração atual tem uma ótica diferenciada, sobre ser patrão ou empregado, hoje todos devem ser vistos como colaboradores.

As alternativas de modernização da Leis Trabalhistas não devem se basear na interferência do Estado nas relações entre a empresa e o funcionário.

Cabe ao Estado somente a fiscalização, principalmente no âmbito de segurança física e recebimento salarial, as Delegacias Regionais do Trabalho, podem prestar este serviço, é até avaliar-se as possibilidades de tramitar os processos nas DRTs, tornando-se também a corte reguladora dos litígios trabalhistas.

É inadmissível a União sustentar os palácios trabalhistas para litígios.

A reforma trabalhista aqui proposta não retira os direitos adquiridos, é voltada para desonerar os salários e agilização do sistema.

Os principais pontos da reforma trabalhista seriam:

01-Salário-mínimo estabelecido por hora.

02-Pagamento salarial por dia, semana, mês.

03-Recolhimento de percentual único sobre o salário/

pagamento para o INS pelo contratado.

04-Extinção da obrigatoriedade de pagamento pelo empregador de qualquer outro benefício.

05-Extinção de carteiras e livros para registro de funcionários, substituindo-se por formulário único de admissão e cartão inserido com conta nominal de cada portador junto ao Ministério do Trabalho, ou agência ou órgão de data base de empregos.

06-Revisão dos tribunais de Justiça Trabalhista.

07-Promulgação de lei para execução sumária de débitos salariais.

08-Extinção da obrigatoriedade de pagamento a sindicatos de qualquer origem.

09-Extinção da obrigatoriedade da carga horária de trabalho.

10-Extinção da obrigatoriedade de paralisação de atividades a qualquer setor por força de feriados oriundos de qualquer origem.

Não há nesta proposta de reforma da CLT a intenção de extinguirem-se os chamados "direitos adquiridos" e sim simplificar as atividades de cada cidadão, tirando do empregador e do empregado as cargas de impostos, taxas, chamadas de "benefícios".

Pergunte-se: Por que o governo tem que retirar do salário percentuais em recolhimentos denominados, FGTS, INSS, PIS, CONFINS, contribuições sindicais e patronais etc?

O importante é o salário pago de forma integral, na verdade isto é um embuste arrecadatório, devendo-se considerar que o empregador recolhe em média aos cofres do governo 70% sobre o salário pago ao empregado!

De que adianta os legisladores dizerem sobre os "Direitos Adquiridos" se não há trabalho, as empresas não suportam o sistema e a carga tributária, por exemplo: um salário de R$ 100.00 é tributado em R$ 70.00!

=. Não é tolerável um empregado trabalhar 30 dias para receber seu salário.

=. Não é tolerável um empregado e empregador não ter o livre arbítrio de decidir quantas horas pode-se trabalhar, cada um sabe do que necessita.

=. Não é tolerável fechar estabelecimentos comerciais, industriais e outros por determinação de feriados de qualquer origem.

=. Não é tolerável um empregado recorrer a um tribunal e esperar em média de 2 a 5 anos para receber seu salário em litígios trabalhistas.

=. Não é tolerável o governo criar moedas ilusórias paralelas para o pagamento de salários, tipo vale-transporte, vale-refeição etc.=.

Não é tolerável o governo determinar benefícios eleiçoeiros a cargo do empregador, todos benefícios serão mantidos pelo próprio mercado, pelo simples fato, quem oferece mais, terá evidentemente, um corpo de funcionários de melhor qualidade.

Os empregadores e empregados tem embasamento suficiente para determinar o que podem oferecer e exigir na relação de trabalho, não é necessária a tutela do governo.

O poder judiciário já tem jurisprudência suficiente para julgar e aplicar os direitos de cada um nas relações trabalhistas.

Não há dúvidas que uma reforma trabalhista desta magnitude, considerando o atraso e o engessamento do País há mais de 50 anos, gerará índices suportáveis de desemprego.

É inadmissível haver leis que taxem na fonte mensalmente o assalariado em qualquer patamar do salário.

Os empregadores são taxados com vários impostos sobre o valor do salário a ser pago, sendo obrigados a fornecer benefícios promulgados por leis eleiçoeiras.

Empregados do Estado ou da área privada precisam de salários livres e integrais, sem papéis, vales ou promessas, necessário é o salário integral, justo, pago por dia, semana ou mês, com benefícios extras tratados entre o empregador e o empregado sem a interferência governamental.

Ao governo compete somente cumprir a sua obrigação básica de oferecer aos empregados um serviço de saúde decente, um rígido sistema de controle sobre as organizações privadas que oferecem benefícios de poupança para aposentadoria e inserir a severidade nos processos de inadimplência ou seguridade do mercado de trabalho.

Salários desonerados de impostos e taxas na fonte elevam os índices de recebimentos, reduzem os custos finais dos produtos e serviços, girando e fortalecendo a economia.

Salários livres permitem ao assalariado optar por sua aposentadoria, por seu plano de saúde etc.

O mercado empregador de forma livre e desonerada regulará gradativamente a oferta e procura, delineando o salário-hora adequado a todos profissionais e empregados em geral.

Compete somente ao cidadão a decisão das horas que deve trabalhar.

Com o mercado empregador livre das normas e diretrizes impostas pelo governo, deverá iniciar-se a competição entre empresas na busca de profissionais para composição de seus quadros funcionais oferecendo melhores salários e benefícios.

É inadmissível o polo empregador e os empregados estar subjugados a um conjunto de leis arcaicas que delinearão o direito e deveres do empregador e empregados baseados em uma lei promulgada por partidários do fascismo 60 anos atrás.

O País está engessado na área trabalhista, empregadores e empregados aplicam todos os meios e artifícios para isentar-se de impostos, taxas e normas impostas pelo governo, levando a informalidade 40% da força de mão obra do País.

Os legisladores devem ater-se ao óbvio, todos querem somente receber os seus salários desonerados, convivendo com um mercado que absorva a mão de obra após o cumprimento do ensino básico.

Se este governo não efetuar a reforma trabalhista será o responsável pela continuidade da escravatura mercantil e da exploração do trabalho infantil que assola este País em índices insuportáveis.

Todos os empregadores e empregados sabem quais são seus deveres e direitos, não é necessário tribunal específico para esta matéria, não é necessário a política intervencionista governamental que em nome da proteção dos "direitos trabalhistas" pratica a apropriação indébita inseridas como taxas e impostos incidentes sobre os salários e folhas de pagamento.

A União deve prover de estabilidade de emprego e proteção especiais somente as Forças Armadas e ao Poder Judiciário, em áreas específicas do corpo de policiais e magistrados.

O poder Legislativo e o Executivo devem direcionar o seu provimento salarial sob a mesma égide.

É inaceitável um deputado federal ter provimento mensal de US $ 7,500.00 em valor fixo e mais vários pagamentos salariais a titulados como bonificações etc.!

Em síntese, a reforma da CLT deve ser direcionada ao expurgo das taxações e impostos, das normas e diretrizes fixadas por leis, e dos benefícios impraticáveis pelo empregador.

Itens básicos para a reforma Das Leis Trabalhistas.
CLT

01.- Salário com valor mínimo de R$ 8.00 (US $2) por hora, para toda Federação.

02.- Data de pagamento salarial estipulado por dia, semana ou mês.

03.- Recolhimento pelo contratado de alíquota condizente

incidindo sobre o total do salário pagos a crédito ao INSS.

04.- Extinção da obrigatoriedade de qualquer outro recolhimento em impostos ou taxas incidentes sobre a folha de pagamento.

05.- Revisão da obrigatoriedade do uso de carteira profissional, livros de registro de empregados e atestados de saúde.

06.- Substituição da carteira profissional por cartão de trabalho inserido com conta única do portador junto ao INSS com inserção de formulário único para as bases contratuais de trabalho.

07.- Extinção da obrigatoriedade da paralisação de atividades de qualquer estabelecimento comercial ou industrial por força de feriados em lei promulgados em âmbitos Federal, Estadual e Municipal.

08.- Extinção da obrigatoriedade da carga horária máxima de trabalho individual.

09.- Revisão da classificação de autônomos, aplicando-se a todos o regime contratual de relação entre empregador e empregado.

10.- Extinção dos Tribunais de Justiça Trabalhista.

11.- Promulgação de lei para execução sumária de débitos salariais, incluindo INSS.

12.- Extinção de obrigatoriedade de pagamento para contribuição sindical de qualquer origem.

Capítulo 6

Se analisarmos o sistema previdenciário brasileiro, serão encontrados pontos surrealistas..., o principal em um sistema de aposentadoria é a forma de arrecadação que deve ser igualitária em todos os níveis.

O cerne está em o interessado recolher o valor ao seu critério, sem inserção de desconto do percentual na folha salarial.

Os valores arrecadados poderiam ser direcionados a um único caixa previdenciário da União..., considerando a possibilidade de o arrecadador ser o Tesouro Direto.

A arrecadação previdenciária deve ser padronizada em percentuais igualitários de recolhimento e teto máximo de pagamento aos aposentados.

Terão todos os cidadãos a opção de complementares seus benefícios junto ao sistema privado.

Observe estes pontos:

As forças armadas e funcionários públicos, possuem regimes próprios de previdência!

Considere a anomalia dos fundos de pensões, veja o capital do PREVI do Banco Brasil e de outros, das empresas estatais, e mais..., no mês de setembro de 2016 foram emitidos vários mandados de prisão contra os gestores dos fundos pensões das estatais, do Banco do Brasil, Correios, Petrobrás e Caixa Econômica Federal.

Considerando todos estes pontos somente a padronização do sistema pode alterar o ciclo deficitário, propondo-se o seguinte:

 Um percentual justo, (os profissionais da área econômica saberão delinear uma alíquota correta) com incidência sobre qualquer salário, a serem pagos pelo recebedor do provento e salário, não importando qual é a classificação do empregador, pode ser empresa privada, empresa mista, estatal, governo, forças armadas e outros, deve ser considerado em primícias que o cidadão pode desenvolver várias atividades durante sua vida laboral, como empresário, como funcionário, etc., o importante é a efetuação do recolhimento em qualquer nível de atividade, e cumpridos os 35 anos de recolhimento, o mesmo terá o direito a sua aposentadoria conforme o coeficiente de recolhimentos.

Os técnicos da área econômica saberão aplicar as várias modalidades de níveis de recebimento conforme recolhimento, claro considerando sempre o valor de pagamento máximo, o valor de pagamento mínimo, o tempo mínimo e máximo, de recolhimento, a ser efetuado para a previdência.

As disparidades no sistema previdenciário brasileiro são surrealistas,

questione: Por que a aposentadoria dos legisladores, do judiciário, e outros cargos do funcionalismo são averbadas com valor considerado do último salário, criando recebimentos de aposentadorias de valores irreais a serem pagos pela União?

Não poderá haver aposentadoria em nenhuma atividade, se não cumpridos os 35 anos para homens e 30 para mulheres, mesmo assim este tempo deverá ser revisto, pois a maioria começa suas atividades por volta dos 20 anos de idade, isto gera uma grande quantidade de aposentadorias aos 55 anos, idade em que muitos estão em plena forma laboral.

Os benefícios como LOAS que atualmente é cedido as pessoas acima de 65 anos que não tenham contribuído o suficiente para obter a aposentadoria deve ser mantido, pois trata-se de uma proteção relevante ao idoso desamparado, e em termos numéricos trata-se de um valor pequeno para a União, mas que gera um efeito de dignidade sem precedentes ao beneficiado.

Há de se considerar que este benefício terá sua extinção gradativa após 10 anos devido a média de vida aproximada de 75 anos, e com a melhora da economia e reformas relevantes, as solicitações deste benefício tende a diminuir consideravelmente.

Quando é proposta uma alíquota previdenciária única sobre o salário também é proposta a extinção dos fundos de pensões com a padronização do sistema, tendo somente um caixa arrecadador, devendo as alternativas de complemento de renda previdenciária ser recolhidas pelo sistema privado.

O sistema previdenciário pode proporcionar uma leitura instantânea dos valores pagos pelos contribuintes e outros, na conta do beneficiário.

As contratações e demissões de funcionários devem ser simplificadas e desoneradas, os salários e benefícios oferecidos pelos empregadores serão melhores, principalmente nas grandes e médias empresas.

Há como primordial na reforma da previdência, a proposta das Leis Trabalhistas, pois não há possibilidade de modernização dos sistemas sem a devida reforma, principalmente o salário-mínimo, os salários devem ser pagos por hora, e cada estado deverá ter o seu patamar de pagamento, nunca inferior ao estipulado pela União, em síntese o salário-mínimo seria estipulado por hora e não mensal, como é feito atualmente.

Os estados, conforme seu parque industrial e de serviços, saberão estipular o valor da hora a ser paga.

É necessária a extinção destes surrealismos de salário-base por categoria que são reajustados ao prazer dos sindicatos, o mercado regula o quanto pagar para as várias categorias profissionais existentes.

As formas de pagamento ficam a critério dos empregadores e seus funcionários, podendo ser por dia, por semana, por quinzena, por mês.

Considere também a possibilidade da reforma do SUS viabilizando um sistema de cobertura para saúde por apólices de seguro modernizando o atendimento.

Se o segurado tem disponibilidade financeira para adquirir uma apólice de seguro-saúde com cobertura de R$ 100 mil, os imprevistos em saúde estariam cobertos nos hospitais até o valor estipulado na face da apólice.

O sistema de seguros brasileiro tem expertise para oferecer preços mensais razoáveis para as coberturas.

O legislador deve considerar que não é possível manter as taxas e tributos incidentes sobre o setor produtivo, chega de multas rescisórias de trabalho, pis, pasep, FGTS, contribuições sindicais etc.

As empresas não suportam mais os tributos e taxas aplicados.

O importante para qualquer assalariado é receber o seu provento limpo, cabendo a ele escolher em que, e de que forma o aplicar.

Há um surrealismo em todo o sistema, um cidadão que tem sua atividade como pequeno empresário, não dispõe de recebimento de multa com percentual de 40% em caso de dispensa, nem de aviso prévio, nem de férias remuneradas, nem de 13 salário.

Os 37 Ministérios!
Capítulo 7
 analise as prováveis competências!

Gabinete de Segurança Institucional
Secretária Geral
Comunicações
Integração e Desenvolvimento Regional
Educação
Minas e Energia
Esportes
Transportes
Defesa
Casa Civil
Justiça
Fazenda
Portos e Aeroportos
Agricultura
Pesca
Gestão
Relações Institucionais
Cidades
Advocacia Geral da União
Controladoria Geral da União
Turismo
Previdência Social
Ciência e Tecnologia
Planejamento
Saúde
Relações Exteriores

Igualdade Racial
Indústria e Comércio
Povos Indígenas
Mulheres
Direitos Humanos
Cultura
Desenvolvimento Social
Meio Ambiente e Mudanças Climáticas
Trabalho: Luiz Marinho
Desenvolvimento Agrário
Secretaria de Comunicação Social

Observe:
Estados Unidos > Governa com 15 ministérios!
Reino Unido/Inglaterra > Governa com 11!

Comentários sobre os Ministérios do Governo e suas competências.

(Alguns não foram comentados)

Ministério Da Agricultura Pecuária e Abastecimento - (MAPA)

O ajuste deve ser direcionado a demarcação das terras indígenas, considerando que o País tem uma área de 991.498 km2 - (área maior que os países França e Inglaterra juntos) corresponde a 12% do território nacional cedidas para uso dos nativos para uma população total de 1.693.535

Este quadro requer ações imediatas, com propostas voltadas a uma ótica que possa introduzir a geração de arrecadação, gerando pagamento de tributos e progresso com prioridades estabelecidas para redução das queimadas, grilagem de terras, catequização e rigidez com a implantação de ONGs extinguindo-se qualquer subsídio.As forças armadas têm condições plenas para assegurar o cumprimento das leis.

Ministério Da Cidadania - (ME)

O foco deve ser direcionado embasado em propostas para que os clubes de futebol optem pela constituição de empresas, com inclusão de sistemas para o desenvolvimento de atletas em todas as categorias possíveis.

Há outros direcionamentos urgentes, com retirada dos subsídios para eventos de qualquer espécie, a renúncia de recebimentos pela União não é correta, os entretenimentos em geral devem ser subsidiados por empresas privadas.

É um atentado um Estado, um Município ou a União custear estes eventos, seja por renúncia fiscal ou contratos de empenho.

Há de se considerar que havendo um projeto sustentável para o ensino fundamental e médio, haverá dentro dos sistemas pedagógicos várias alternativas para qualificar atletas. O legado da copa do mundo e olimpíadas, podem ser administrados pelos clubes de futebol para gerar bases sólidas em todos os segmentos do esporte.

> As secretárias sociais, as fundações, autarquias, órgãos colegiados e outros, tem direcionamentos pontuais, devendo-se analisar a manutenção ou extinção.

Ministério Da Ciência Tecnologia Inovações e Comunicações (MCTIC)

É, fundamental o incremento de sistemas em ciência e tecnologia com criação de possibilidades de convênios com países (USA -Coréia Do Sul - Japão - Alemanha - China - Rússia) que desenvolveram um aprendizado massivo nos sistemas pedagógicos no ensino fundamental e médio.

Ministério Da Defesa - (MD)

É correto o direcionamento para a modernização dos sistemas e equipamentos das três armas, focando o desenvolvimento de projetos sustentáveis a longo prazo na região amazônica.

Ministério Do Desenvolvimento Regional - (MDR)

A principal política pública deverá ser:

Saneamento básico..., 40% dos municípios, não tem!

Ministério Da Economia - (ME)

Os sinais após um ano são promissores, mas..., se faz urgente a proposta de reforma tributária e a remodelação do sistema de comércio exterior, observando-se a desoneração simplificação da importação e exportação.

Ministério Da Educação - (MEC)

Imediatamente, urgente, a aplicação do Sistema Nacional de Ensino, com qualquer título que tenha, o importante é o cerne do projeto! Sem educação, não há, não haverá, solução!

Ministério Da Infraestrutura - (MI)

Imprescindível o controle sobre as possibilidades dos meandros da corrupção.

Pontualmente, o direcionamento a privatizações seria uma boa alternativa.

Ministério Da Justiça e Segurança Pública - (MJSP)

Há de prosperar as propostas enviadas ao Congresso Nacional, a insanidade legislativa será derrotada.

No entanto o sistema judiciário deve direcionar especial atenção ao grau de irrealismo e desconhecimento da comprometedora situação financeira do poder público.

Os artifícios para burlar o teto constitucional tornaram a média salarial do judiciário o triplo do executivo.

Argumentos que funcionários do judiciário tem formação técnica diferenciada não procede.

Este comportamento compromete a credibilidade com desgastes relevantes da imagem da Justiça e Ministério Público.

Gostaria que fosse desnecessário lembrar que os Três Poderes são autônomos, mas o caixa do tesouro que os paga é um só.

Se faz urgente a inclusão de pena de prisão perpetua a réus condenados por assassinato excluindo-se qualquer benefício, e a prisão em segunda instância.

Ministério Do Meio Ambiente - (MMA)

Aplicação sem meio termos, da fiscalização e suporte pelas forças armadas na região amazônica.

Direcionar projetos para redução do custo com ênfase nas novas alternativas energéticas.

Ministério Da Mulher, Família, e Direitos Humanos - (MMFDH)

Um ministério fora de praxe, há de remodelar-se, inclusive o título!

Ministério da mulher? Desta forma vamos ter também o ministério do homem, do idoso, do jovem..., etc.

Ministério das Relações Exteriores - (MRE)

Há de delinear-se pela exclusão total dos temas
ideológicos.

Ministério Da Saúde - (MS)

O direcionamento para que o SUS seja somente o provedor de remédios seria mais razoável, ficando os atendimentos inseridos em um sistema de apólices de seguro com escala de valores diversificados dos prêmios.

Este sistema possibilitaria o atendimento em qualquer hospital usando-se a cobertura da apólice de seguro.

O Governo pode prover dentro da assistência social a garantia da apólice.

Não é uma utopia, é possível, e pode reverter a população carente dos serviços médicos públicos, a saúde e dignidade.

Há de considerar que um sistema de saúde que gera atendimento a uma população estimada em 60 milhões de pessoas tem de disponibilizar uma estrutura gigantesca.

Trata-se do maior e abrangente sistema de saúde provido por um País aos seus cidadãos. ▫

Ministério Do Turismo - (MTUR)

Analise...,

O Grand Canyon nos USA, recebe 7 milhões de turistas por ano..., de turistas americanos residentes em outros estados!

O ciclo geral de turismo no Brasil interno/externo no ano de 2020 - 2.800 milhões, e não há um sistema de estatísticas confiável.

A única alternativa para haver turismo em nosso País com índices relevantes de origem interna e externa é a redução da violência.

Ministério da Controladoria Geral Da União - (CGU)

O propósito da CGU, instituída em 2001, pela medida provisória n. 2.143.31 é de combater no Governo Federal a corrupção, a fraude e defender o patrimônio público.

De 2002 até 2018, não se teve notícia da atuação deste ministério com veemência.

O foco atual deverá ser o cumprimento do seu propósito.

Secretaria De Governo - (SEGOV)
Secretaria com status de ministério.

Uma pasta com status de ministério, para articulação política?

Poderia considerar a possibilidade de ser um Deputado ou Senador, pois o escolhido já dispõe de gabinete, assessores e salário!

Secretaria Geral De Governo
(SGPR) Secretaria com status de ministério.

Foi um assessor do Presidente designado como ministro.

Ao analisar a responsabilidades e atividades, não é possível entender!

Talvez, seria um segundo TCU?

Advocacia Geral Da União

(AGU) Órgão com status de ministério.

Que seja mantida a propositura das ações de improbidade administrativa, sem postergações.

Banco Central - (BC)

O foco deverá ser sempre a sua independência que foi
efetivada, com a máxima verdade em informes financeiros.

E, a independência do órgão e as prerrogativas do seu
Presidente devem ser mantidas!

Casa Civil

O foco principal e urgente seria o envio de propostas das reformas com ênfase ao Sistema Nacional de Ensino, com acoplamento das outras necessárias.

Gabinete De Segurança Institucional - (GSI)

Poderia ser incluso em suas atribuições o convencimento de "alguns" sobre a necessidade de um projeto de segurança pública ser inserido com **prisão perpétua para assassinatos,** prisão em 2ª instância, e imediata revisão do Código De Processo Penal e Código Penal.

Capítulo 8

A possibilidade do Senado analisar o pacto federativo aqui proposto, são remotas.

As alterações no sistema político eleitoral irão encontrar resistências robustas, mas..., está proposto!

O Senado tem em suas promulgações atuais agido com coerência em vários temas.

No entanto atualmente a Câmara Legislativa tem apresentado em suas pautas, propostas que não correspondem a realidade do País.

Será necessário corrigir em vários aspectos as formas de tramites e votações no plenário.

Um sistema de governo em que o partido tem relevância secundária, e que transfere a responsabilidade ao parlamentar, ou seja: Leis são elaboradas por pessoas, não são por siglas partidárias.

Capítulo 9

Há somente um grupo de mídia com força real de comunicação no País.

E presta serviços relevantes, no entanto seus canais de informação sobre o sistema governamental poderia inserir com ênfase, sugestões e propostas para aprimoramento de Leis necessárias.

O Custo Brasil.

Nós brasileiros pagamos o dobro do que os americanos pagam pela água que consomem, embora no Brasil tenha mais água doce disponível (aproximadamente 25% da reserva mundial de água doce está no Brasil)

Nós brasileiros pagamos 60% a mais nas tarifas de telefone e eletricidade, embora 95% da produção de energia no Brasil seja hidrelétrica (mais barata e não poluente), enquanto os americanos somente podem pagar pela energia altamente poluente, produzida por termoelétricas a base de carvão e petróleo e pelas perigosas usinas nucleares.

Nós brasileiros pagamos o dobro pela gasolina, que ainda por cima é de má qualidade e que acaba com os motores dos carros (cerca de 21% da gasolina é composta de álcool anidro e ainda querem aumentar este percentual para beneficiar os usineiros do álcool).

Não dá para entender, o Brasil é quase autossuficiente em produção de petróleo (75% são produzidos no Brasil) e ainda assim tem os preços tão elevados.

Nos USA defendem com unhas e dentes o preço do combustível, que nos últimos 3 anos devido a pandemia está em:

(US $ 3,00 o galão com 3 litros) que corresponde a R$ 4,20 o litro. Obs.: gasolina pura, sem mistura.

Nós brasileiros pagamos R$ 40 mil por um carro que nos USA custa R$ 20 mil. Na Flórida, o governo estadual cobra 2% de imposto sobre o valor agregado (equivalente ao ICMS no Brasil), e mais 4% de imposto federal, o que dá um total de 6%. Aqui no Brasil todos concordam em pagar 18% só de ICM e já que falamos em impostos, não se entende por que ninguém se importa em pagar além desse absurdo de ICMS, mais PIS, COFINS, CPMF, ISS, INSS, IPTU, IPVA, IR, ITR e outras dezenas de impostos, taxas e contribuições, em geral com efeito cascata, de imposto sobre imposto, e ainda fazer festa nos estádios de futebol e nas passarelas de carnaval.

É um sinal de que ninguém se incomoda com esse confisco maligno que o governo promove tirando 4 meses por ano dos salários. (de acordo com estudos realizados, um brasileiro trabalha 4 meses por ano somente para pagar a carga tributária de impostos diretos e indiretos)

No USA o governo isenta de pagar imposto de renda todos que ganham menos de US $3,000 por mês (equivalente: R$ 12.000,00) enquanto no Brasil os assalariados são taxados partir de: R$ 1.400.00. (US $350)

Além disso, há o desconto retido na fonte, antecipando o imposto para o governo, sem saber se vão ter renda até o final do ano.

Nos USA a declaração do imposto de renda é apenas no final do ano, e caso tenha tido renda, aí sim é recolhido o valor devido aos cofres públicos.

O Brasil é realmente um País insuperável.

No Brasil pagamos nossa própria segurança, os americanos dependem da segurança pública, pagamos ainda escolas e livros para nossos filhos.

Os americanos, mandam os seus filhos para as escolas públicas com livros gratuitos.

No Brasil, quando tomamos no Banco empréstimo pessoal, pagamos por mês, o que norte-americanos pagam por ANO.

No Brasil pagamos R$ 1.700.00 de IPVA pelo carro.

Os norte-americanos pagam apenas US $15.00 de licenciamento anual não importando qual tipo de veículo seja.

No Brasil, 20% da população economicamente ativa não trabalha. Nos USA não é possível se dar ao luxo de sustentar além de 4% da população que está desempregada.

Cada vez mais o Brasil convence que não é, basta parecer ser. Parece que o povo brasileiro nada faz para promover uma mudança radical de atitudes, conceitos e afirmação da dignidade.

É preciso sair deste comodismo, ou este será o eterno País do futuro.

O texto inserido como "epílogo" foi adaptado.

O original foi publicado em jornal de grande

circulação, de autoria do jornalista: Alexandre Garcia

Capítulo 11
Sem educação..., não há solução!

Escrevi o livro REGOVERNAR em 2002, e foram impressos e publicados 900 exemplares para envio aos partidos políticos, legisladores e a mídia em geral.

A todos foram enviados, por via online ou impressa. Sempre acompanhou o exemplar a solicitação de análise das propostas e opiniões inseridas..., nunca recebi uma resposta. Acreditei inicialmente que minhas críticas, sugestões e propostas eram utópicas e inviáveis para o País.

Com o passar do tempo fui verificando que as propostas estavam sendo implantadas, mas nunca direcionadas à principal proposta, que tem o embasamento na alteração do sistema básico educacional.

O projeto de governo aqui inserido, é um megaprojeto, voltado para a aplicação de uma democracia sólida.

Em 2009, fiz uma atualização com apontamentos dos acontecimentos nestes anos de governo "Democrático" do PT e do PMDB.

Na apresentação destas propostas uso palavras contundentes, movido pela indignação.

Os índices de violência, a corrupção legislativa, a estagnação econômica social, são sinais claros que este País não está sob a égide de uma democracia plena.

Há, de ter no conteúdo pleno da democracia, o princípio básico da honra e honestidade. O "Orgulho de SER" não é imposto, é adquirido..., cada cidadão observando a honradez e a dignidade nos atos de seus eleitos, gerará o "orgulho de SER".

A única forma de ter uma nação com princípios democráticos sólidos está na democratização da educação no ENSINO BÁSICO com um sistema pedagógico consistente e sustentável, livre do ranço feudal e da hipocrisia eleiçoeira.

Funcionário Público n. 1

Os poderes Executivo, Legislativo e Judiciário, devem se direcionar a prestar serviços à população aplicando ao lado dos seus títulos a cultura de funcionários públicos a serviço do País, principalmente o Executivo e o Legislativo, o País precisa de regras democratas honestas e continuadas, sendo desnecessários os torpes imperiais advindos dos 3 poderes.

Um Presidente deve se situar como o funcionário público n. 1, investido do poder máximo da nação para a sustentação democrática e social.

Construções palacianas, seus baronatos e seus atos nefastos não devem ter seus ranços continuados no País sustentadas pela desculturação populacional.

É terrível constatar que neste País o nível da demagogia beira o surrealismo, pessoas são ainda catalogadas como "mulatos", palavra de origem hispânica de onde origina-se a nominação "MULA", sedimentada há 200 anos passados.

É necessário extirpar a indignidade imputada aos cidadãos deste País, seria relevante observar a conduta de um legislador quando um cidadão apresenta como seu endereço o nome: "Morro Dos Macacos" a palavra MORRO quer dizer na concepção exata - deixar de viver – falecer – pessoas não podem viver em montanhas, morros ou áreas faveladas.

Não foi promulgada a pena capital, mas são executadas em média 60 pessoas por semana nas capitais brasileiras, devendo-se incluir a estas macabras estatísticas os mortos em hospitais, por subnutrição, por doenças controláveis, estradas e trânsito urbano.

A demagogia na lei do aborto estarrece, levando centenas de mulheres a clínicas imundas, o aborto é proibido somente para quem não pode pagar.

Estes índices levam as pessoas a uma desesperança total, trazendo o pior da realidade que é: nenhuma perspectiva para o futuro.

Aplicando-se imediatamente a reforma educacional básica sustentável, com a construção dos bairros planejados e a remoção das áreas faveladas metropolitanas, se renovaria a esperança.

Seria o início para a redução dos índices de criminalidade, criando uma perspectiva real na população que verá de fato, que o governo enfim efetua uma ação social planejada em seu programa governamental.

Bairros planejados com sustentação educacional direta não teriam suas casas doadas, não será mais um projeto demagogo assistencialista, não serão bairros construídos para captação do voto fácil ou para posterior abrigo da marginalidade, trata-se de um modelo habitacional que poderá ser incorporado em todo sistema imobiliário metropolitano para o ajuste dos índices da carência em moradia.

Os contestadores deste projeto usarão o discurso que é impossível a remoção de uma comunidade chamada de "morro" com média mínima de 100 mil moradores, que é inviável, etc... É viável sim, alguém terá que fazê-lo, alguém terá que refazer o absurdo iniciado no Brasil imperial de obrigar os cidadãos deste País terem que escalar "morros" para construírem suas moradias com paus e tábuas, e o fazem até hoje.

É imperativo a extinção e remoção destas comunidades para bairros planejados com necessária infraestrutura educacional sustentável.

Está nesta atitude o início de uma justiça social para o País.

Urbanização, educação e moradia são o principal, não há mais tempo para o populismo barato e demagogia.

O Presidente eleito e seus pares chegaram Presidência deste País com votos maciços oriundos destas comunidades, seria, portanto, uma prova fundamental de suas intenções a propositura destes projetos de reformas: Educação Básica acoplada a reformas Política Eleitoral, CLT, tributária e fiscal, que beneficiariam o País em um todo.

Artigo publicado em: 28/09/2009 - veículos:

http://www.recantodasLetras.com.br
http://www.ciênciashumanas.com.br
http://www.publichealthinsurance.xyz Books.
http://www.ongartebrasil.blogspot.com
https://www.estantevirtual.com.br

A Reforma Agrária

As invasões de propriedades ocorridas mostram de maneira inequívoca a alta-tensão que vive o setor rural Brasileiro, com assassinatos, roubos e violência, promovido pelos invasores.

Não há uma linha de lei direta, o mais rudimentar direito não está sendo respeitado, estarrece ainda..., ter que escrever esta frase:

"à propriedade é inviolável"

Se por um lado existe a invasão de propriedades, existe o lado social dos invasores, a solução é responsabilidade do governo..., por que o governo não aplica a obviedade nas normas da reforma agrária?

É inadmissível manter-se leis de desapropriação de terras sob a égide de não produtivas ou produtivas.

Em síntese, propriedade comprada pertence ao proprietário, ninguém pode tomar, invadir ou propor qualquer ato fora das barras dos tribunais.

O governo é o responsável pelos acontecimentos dos movimentos dos sem-terra, dos sem-teto etc.

A reforma agrária deve ser direcionada a terras dos Estados e da União com a venda ou entrega dos lotes em só um Estado, criando-se áreas em cidades para o trabalho no campo.

Deve-se propor um ultimatum aos reivindicadores para o assentamento, as áreas devem ser definidas e entregues no máximo possível somente em um Estado da Federação, esta é a única forma de promover-se a reforma agrária sem violência, e sem a quebra do direito.

Ao Estado e a União não compete analisar se é terra produtiva ou não, e sim proteger a propriedade de quem comprou, cedendo e viabilizando as suas em condições contratuais de uso rígidas, porém com formas especiais de pagamento a quem precisa usar a terra e não e não pode comprar.

A Aplicação Do Óbvio!

O perímetro urbano das cidades do Rio De Janeiro e São Paulo tem um total de1.100 favelas incrustadas em morros, palafitas, encostas etc. considerando somente a capital de 2 Estados da Federação existe um universo real de aproximadamente 3 milhões de pessoas necessitando de imediata transferência para bairros urbanizados.

É necessária a implantação de um sistema governamental voltado para o social básico de ensino, com investimentos em projetos óbvios, seria o mínimo a ser feito pelo governo em resposta a centenas de inocentes úteis, que na esperança de serem retirados da miserabilidade cultural e física em que vivem, sufragaram aos eleitos, os seus votos.

Se implantado o princípio de fazer o máximo pelo mínimo necessário e o óbvio para as pessoas deste País, irá ficando restrito o espaço para os pastores do voto, a educação expurga naturalmente políticos adeptos aos vícios e práticas populistas.

Passados 3 anos da posse em 2006, os sinais são exatamente o esperado...um grande circo, uma farsa marqueteira, a sinalização é clara, nenhum projeto educacional de bases sólidas foi elaborado.

O Governo teve o disparate de lançar projetos planejados em pranchetas eleitorais, um insulto, acobertado e promovido pelos eleitos embasados na restrita cultura aplicada no País.

As pesquisas revelaram índices alarmantes em vários segmentos no primeiro semestre de 2007, são assassinadas em média 60 pessoas por semana nas cidades do Rio De Janeiro e S. Paulo, há 5 milhões de crianças e adolescentes em trabalho escravo, situações de alta-tensão na área de segurança acontecem em escala acelerada, tendo um governo voltado somente à politicagem barata, sem projetos sociais a médio e longo prazo.

O governo não aplicou o óbvio, instalou-se no País a política da ação zero, a chamada conversa mole, com propostas voltadas somente para arrecadação de impostos e taxas indecentes a serem promulgadas pelo legislativo em todo o País.

A aplicação do óbvio estaria na imediata proposta para a construção de bairros com sustentação educacional direta.

Deve o governo renunciar a demagogia, voltando-se à execução do projeto gradativamente em todos os Estados da Federação. As construções permitidas pelo Estado em morros, encostas e áreas sem infraestrutura geraram o horror vivido neste País nos últimos anos

Artigo publicado em: 20/08/2009

veículos:

http://www.recantodasLetras.com.br
http://www.ciênciashumanas.com.br

Bibliografia

Das sugestões inseridas nesta publicação, desde 2002 que foram efetivadas no total ou em parte, por decretos ou via parlamentar:

 01-Projeto Nacional de Educação- promulgado, em fase de implementação.

02-Reformulação do código comercial com ênfase a Lei de Falências-

implementado.

03-Flexibilização da CLT - em parte - implementado.

04-Nomeações políticas para parentes de 1grau-nepotismo- implementado.

05-Proibição de doações de empresas para campanhas políticas. implementado.

06-Exigência de coeficiente de votos mínimos aos partidos em eleições, sob pena de cassação do registro partidário.

Implementado.

07-Extinção das contribuições sindicais. -Implementado

08-Primeiro censo nacional foi efetuado em favelas e áreas deterioradas.

Efetivado

09-Reforma parcial da previdência-
promulgada

10-Extinção do Ministério do Trabalho.

Extinto e reativado

Parte do conteúdo deste livro contendo sugestões e reformas governamentais, foram publicados no ano de 2002 com o título REGOVERNAR sob o registro BN n: 294009 de 28/07/2002-e atualizado em 2023 com o título: Alternativas

*1-Foi inserida neste livro a matéria publicada na secção editorial do Jornal O Estado De São Paulo de 03/01/2020 sendo os autores: Priscila Cruz – Guilherme Lacerda – Lucas Fernandes Hoogerbrugge. (Secretária de Educação do Ceará)

*2- Foi inserida neste livro a matéria publicada pelo jornalista Alexandre Garcia em jornal de grande circulação do Rio De Janeiro.

Dados da publicação

Conteúdo atualizado do livro: Regovernar

Título: Regovernar III

Envie seus comentários, críticas ou sugestões para o e-mail: viauno@yahoo.com

Escrito e impresso no ano de 2002, atualizado em 2024.

Todos os direitos reservados ao autor.

BN Registro N. 294009, de 28/07/2002

É proibida a reprodução total ou parcial desta publicação.

Via Uno Of Miami INC.

235, Lincoln Road - MB – FL – 33139 – USA

Henedino Campos

Jornalista – MTB 59206 – SP

Para suas anotações e comentários.

==

Sua análise e opinião são imprescindíveis.

Participe, enviando para: viauno@yahoo.com

Grato, por sua análise!

=====================

Visite:

planetabrazis.com.br

hgcweb.com.br

www.ingramcontent.com/pod-product-compliance
Lightning Source LLC
Chambersburg PA
CBHW050821250726
48653CB00006B/2344